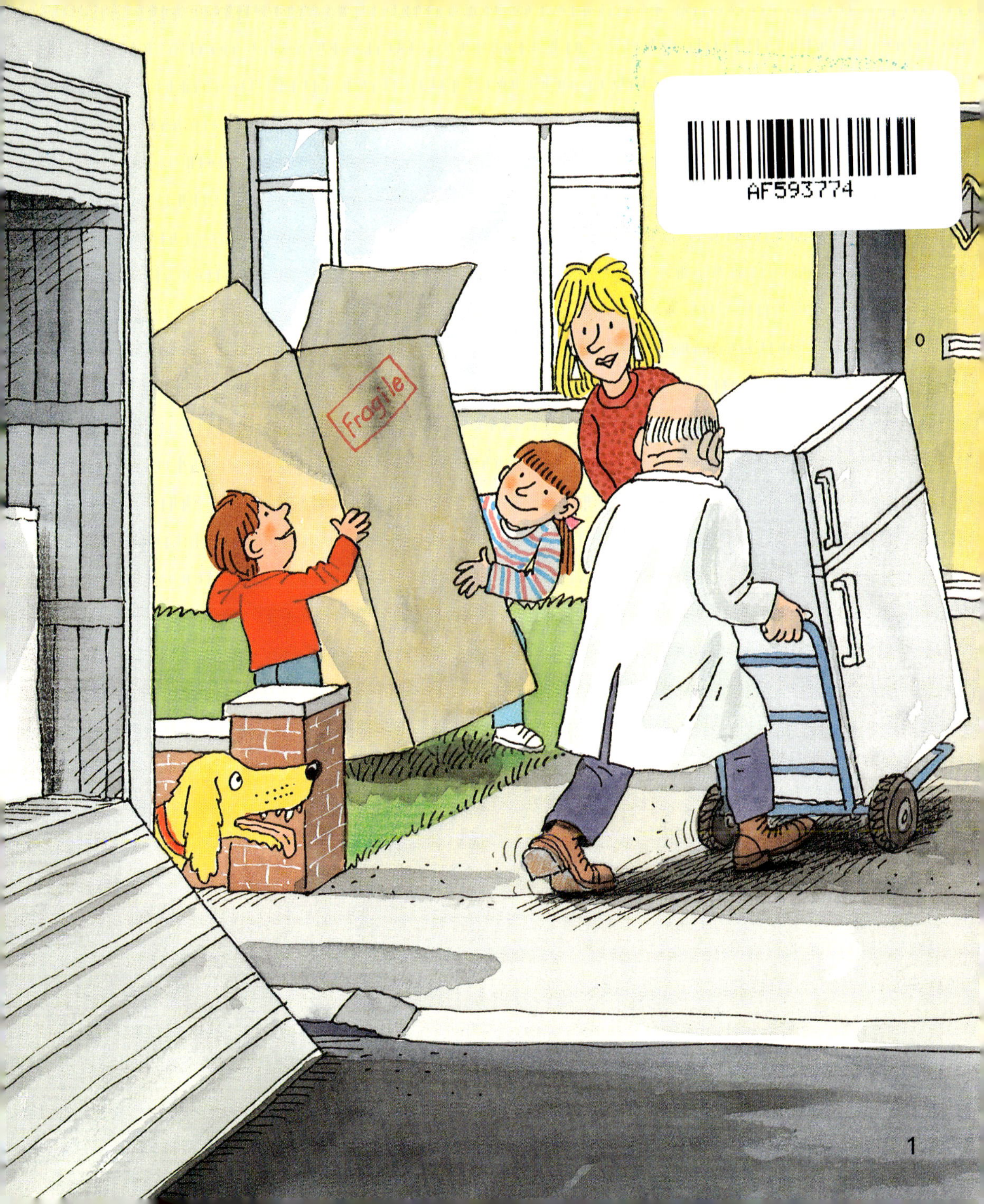
Fragile

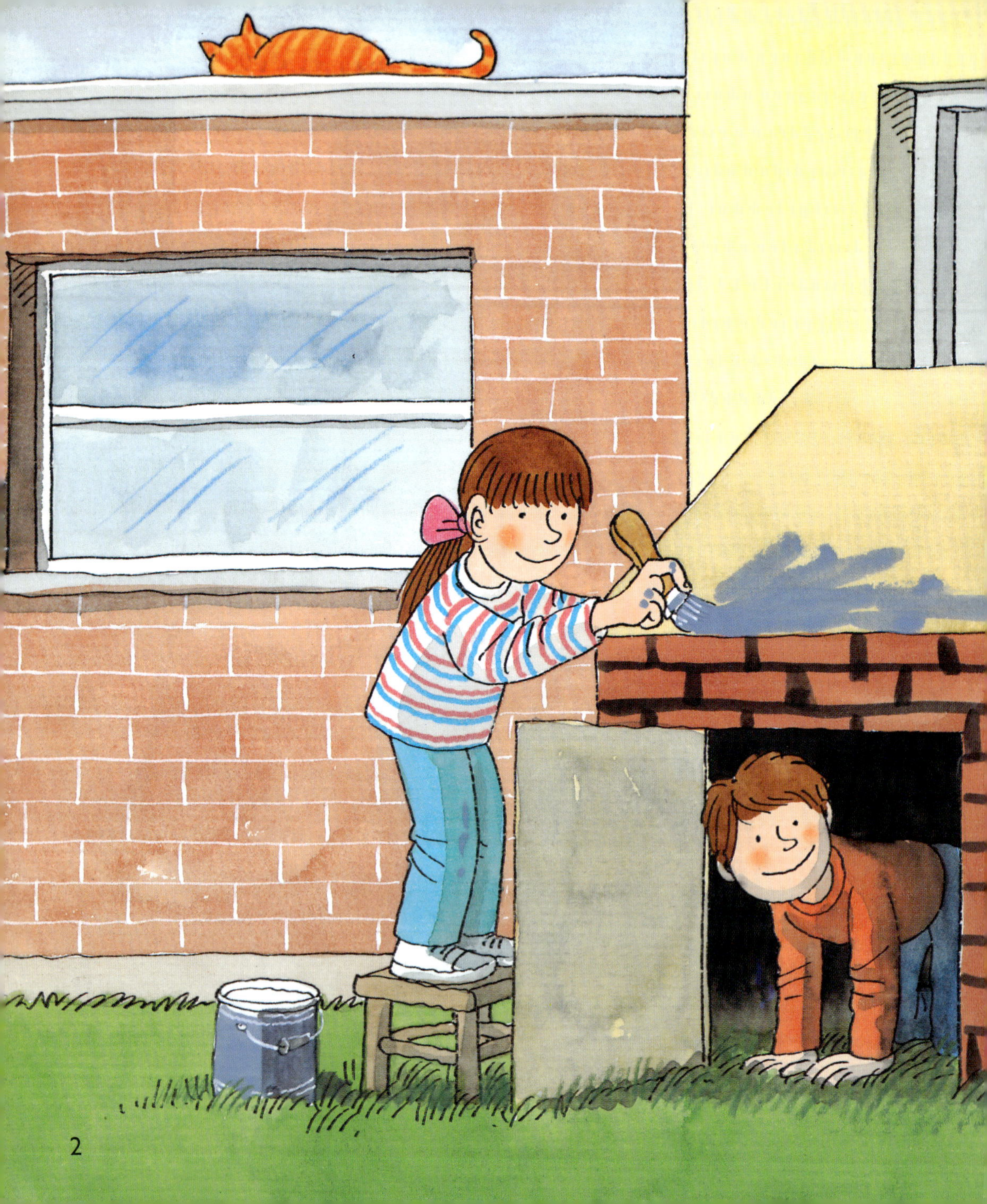

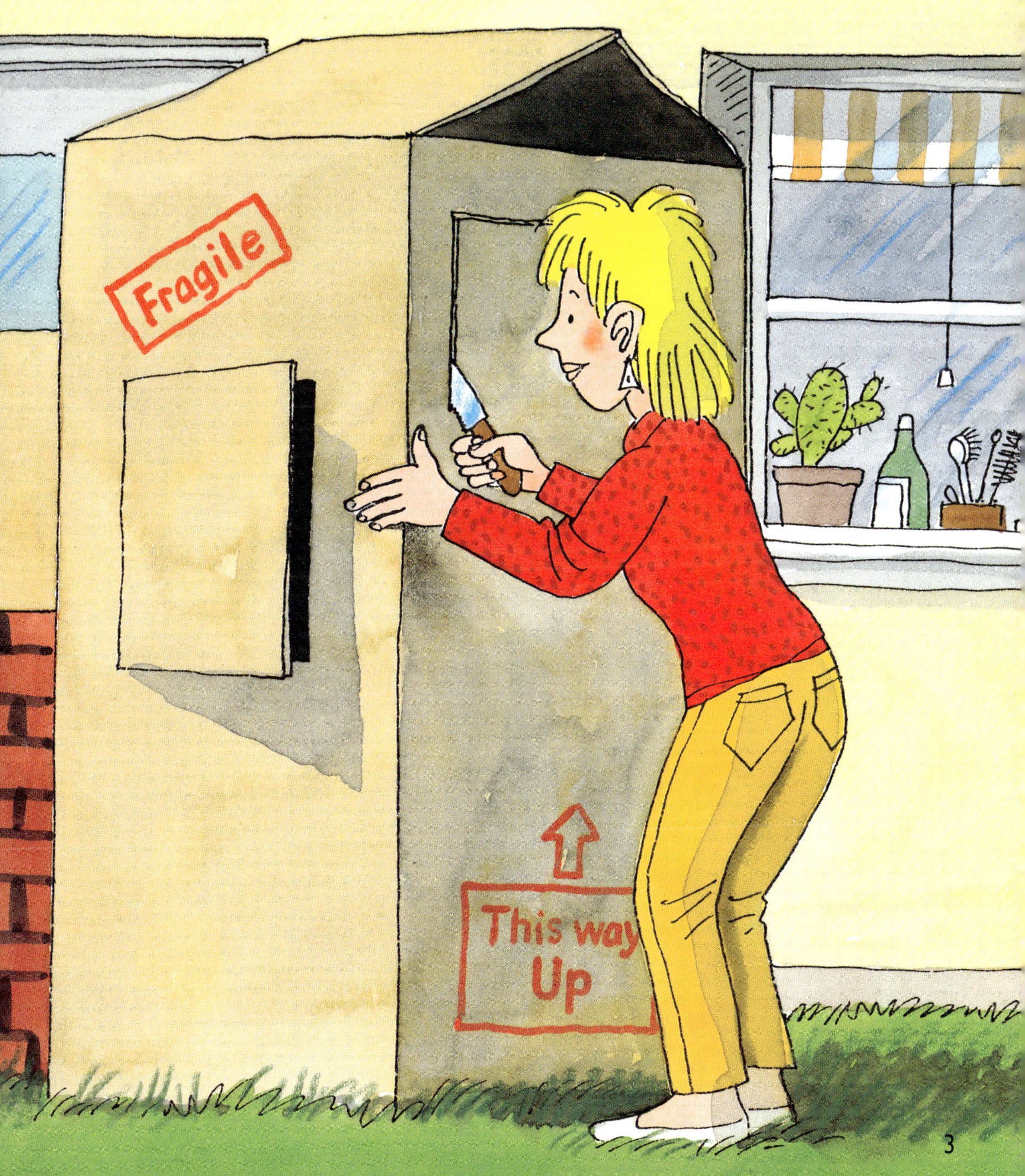
Fragile
This way Up

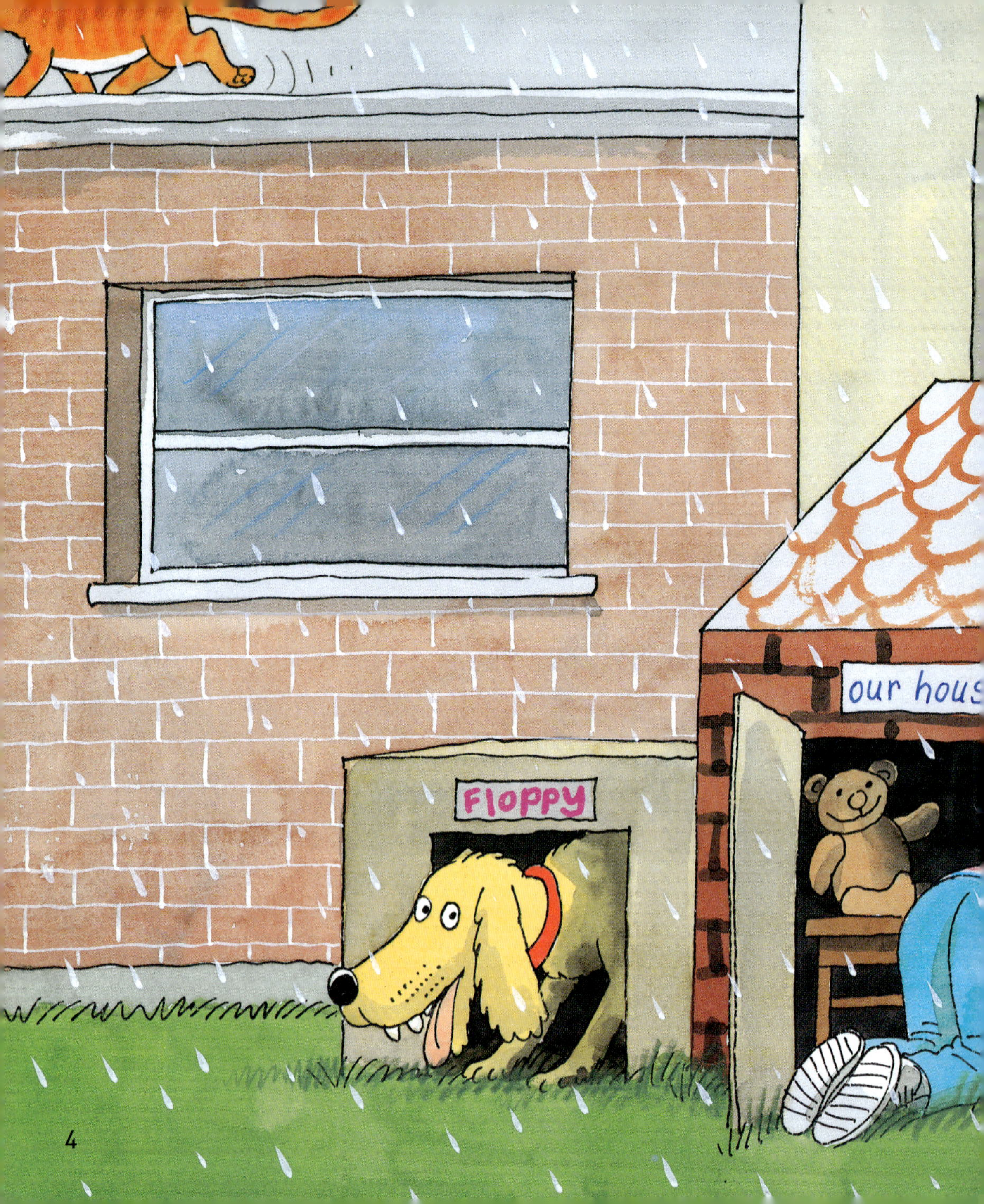
Floppy
our hous

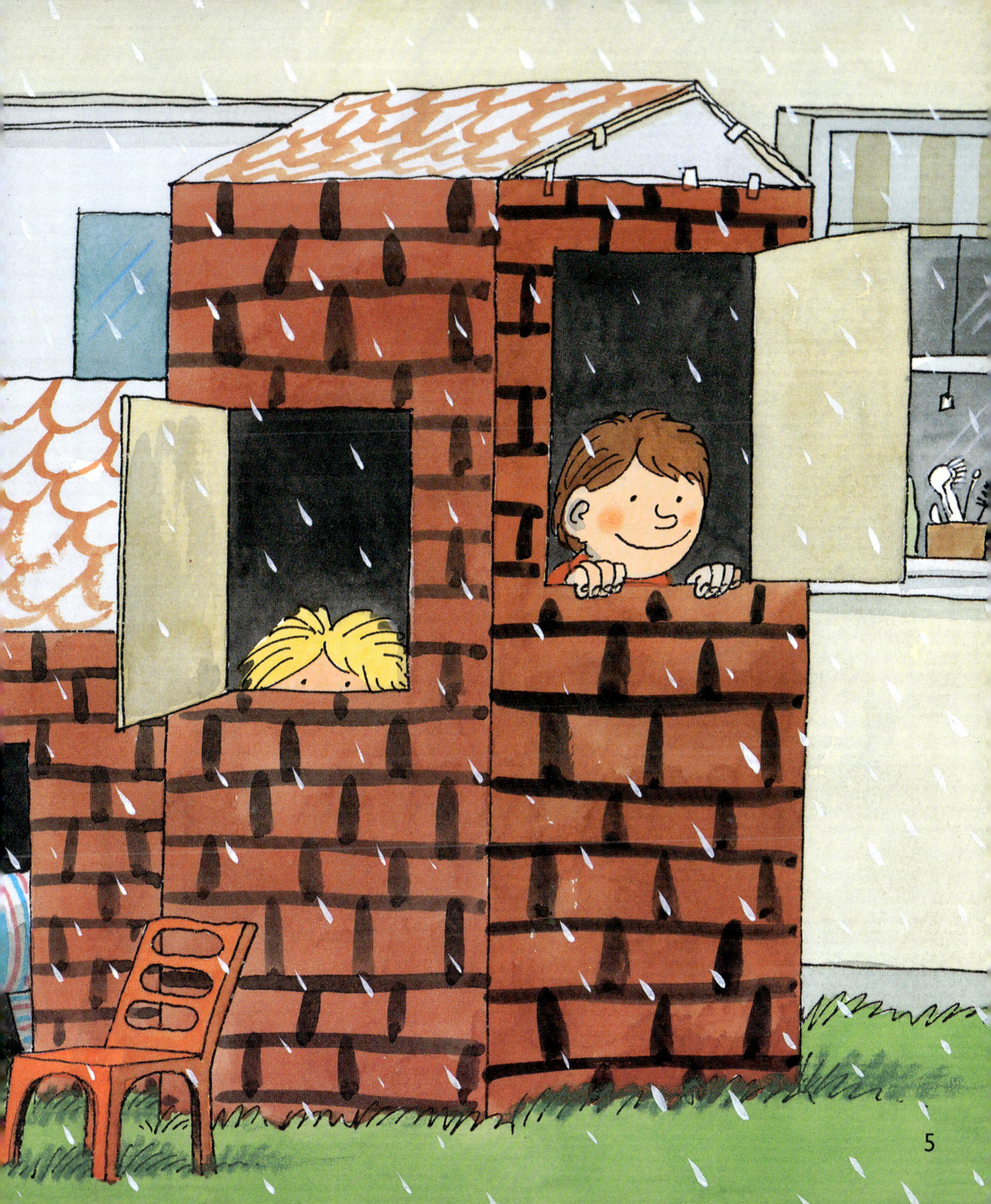

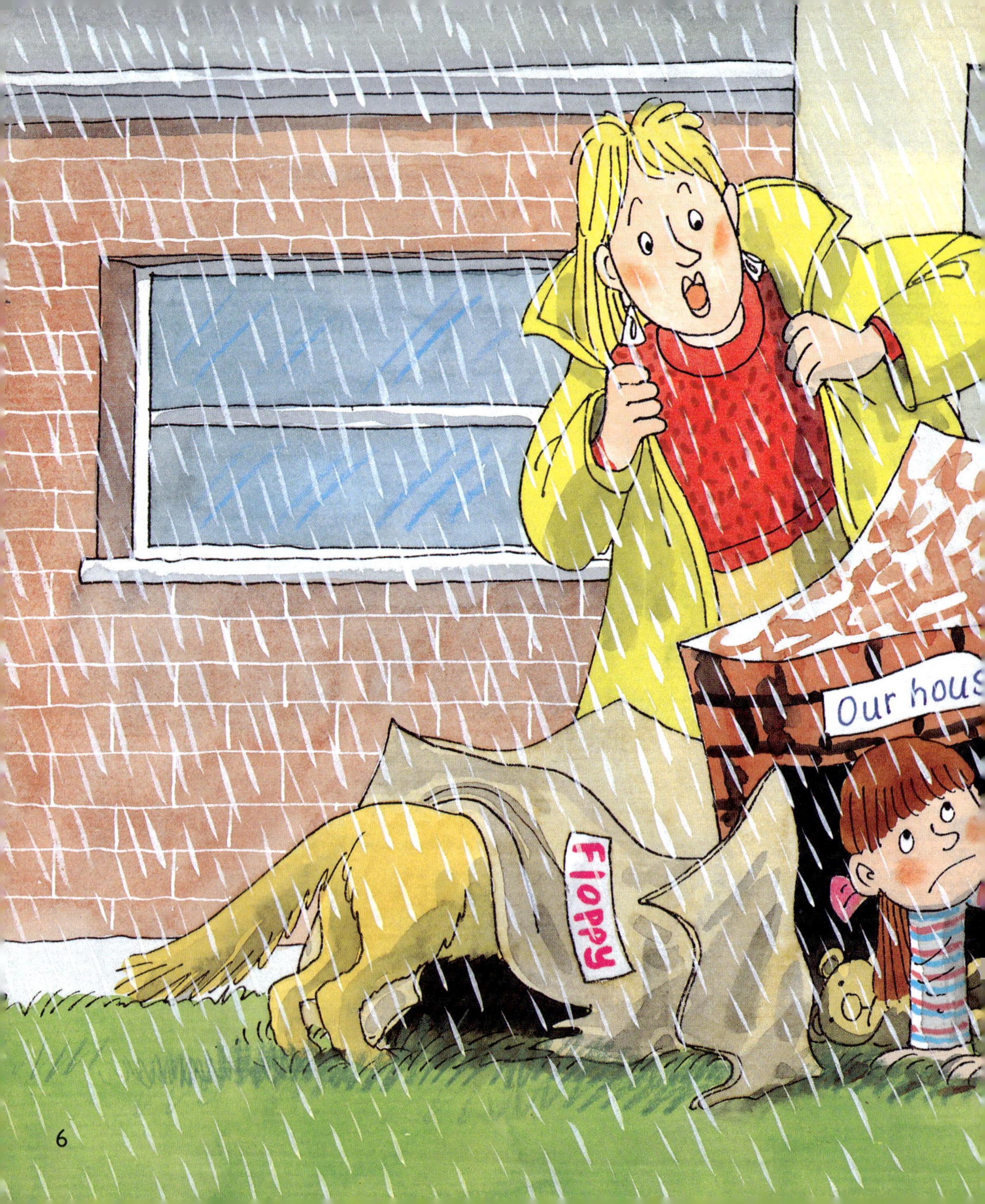
Our hous
Floppy

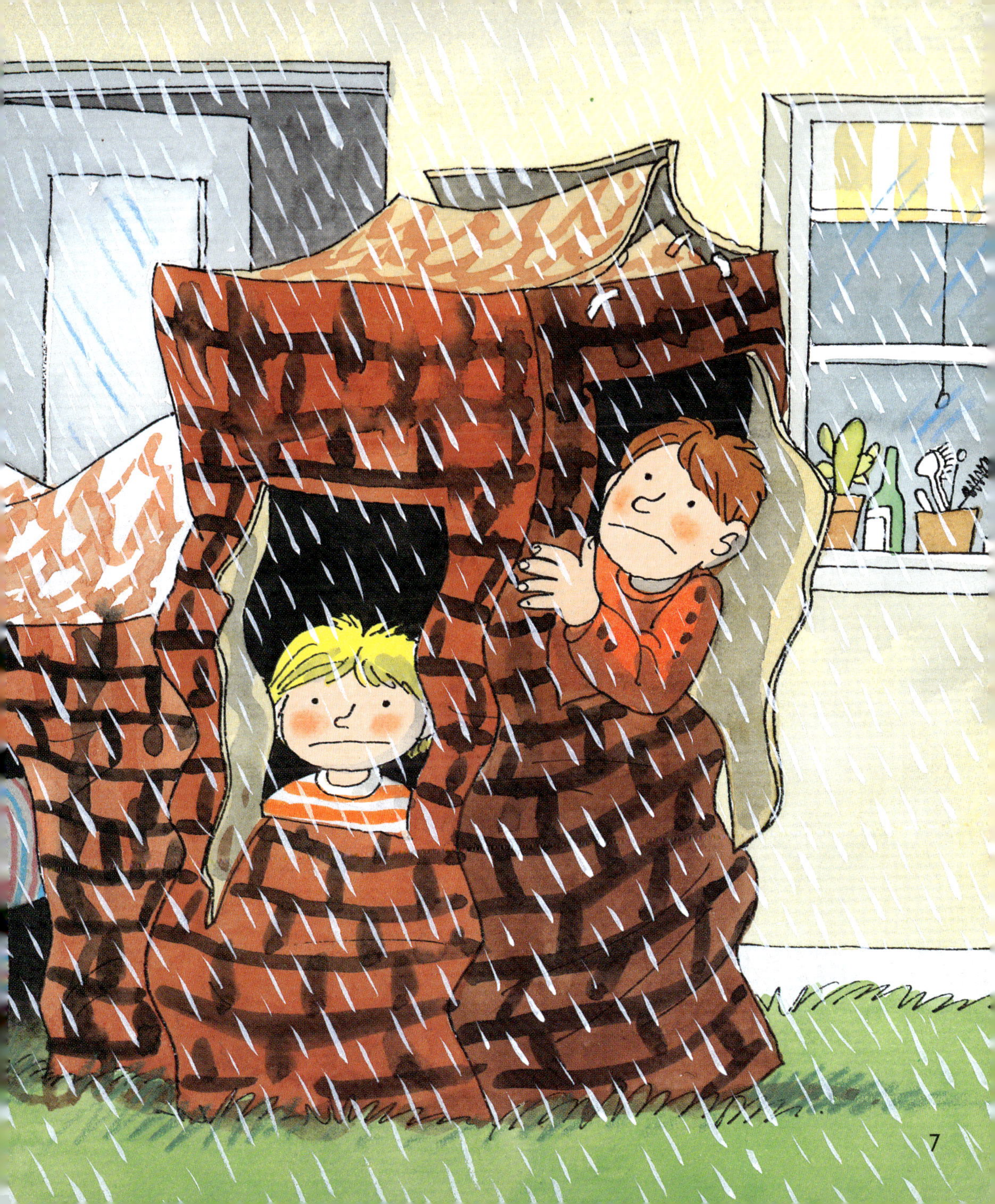

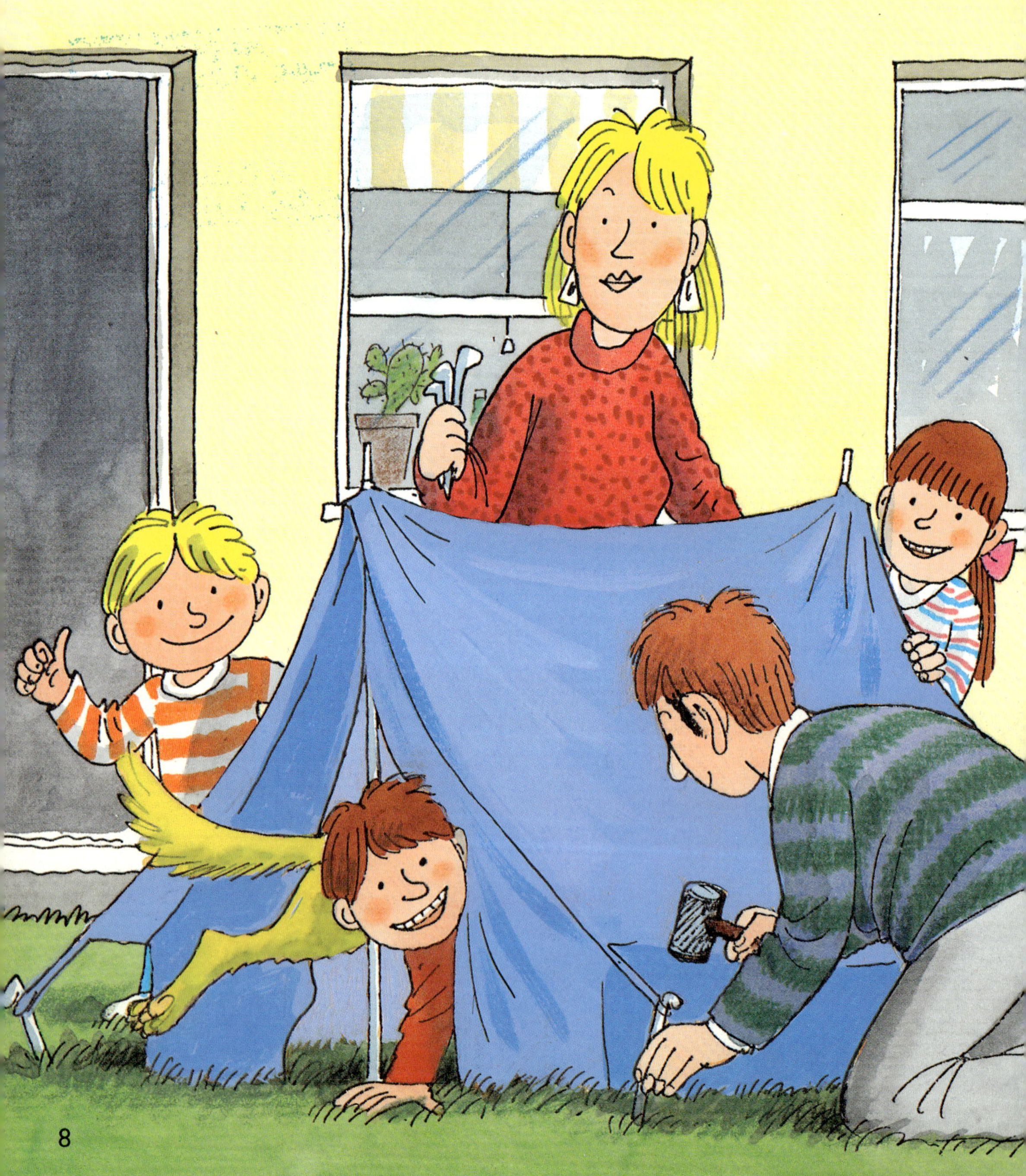